마법 안경과 이름표

⭐ 마법 안경을 선 따라 오리고,
가운데 부분은 칼로 조심스럽게 잘라 내요.
안경다리에 풀칠하고 안경에 붙여요.
안경은 부모님이 사용해요.

⭐ 이름표를 선 따라 오리고,
구멍은 칼로 조심스럽게 잘라 내요.
구멍에 줄을 꿰 아이의 목에 걸어 사용해요.

● 칼로 오리는 부분은 반드시 부모님이 해요.
● 마법 안경과 이름표에 셀로판테이프를 붙인 뒤
오려서 만들면 더 오래 튼튼하게 사용할 수 있어요.

──────── 오리는 선
─·─·─·─·─ 밖으로 접는 선
─ ─ ─ ─ ─ 안으로 접는 선

마법 안경

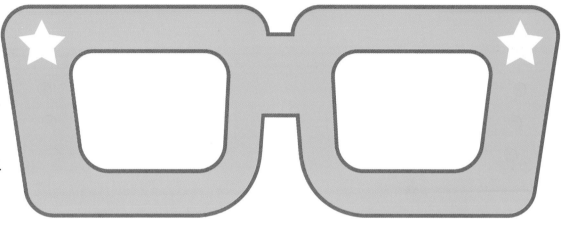

안경다리

이름표

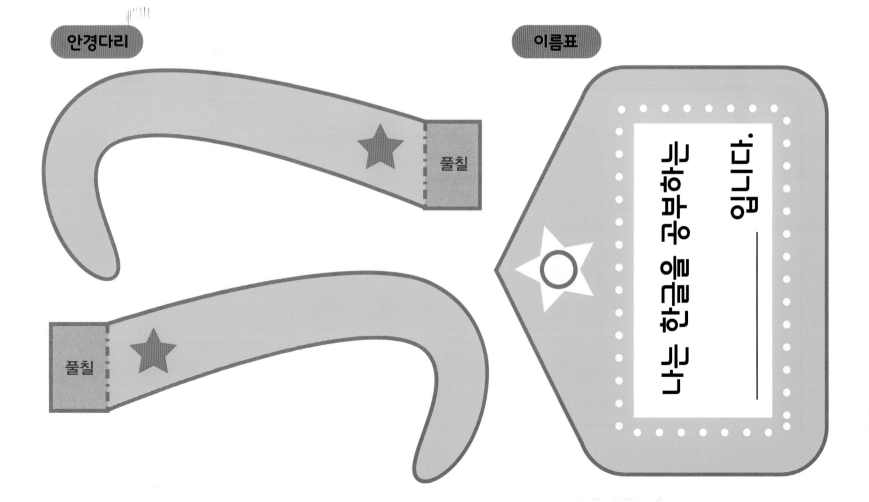

풀칠

풀칠

유니는 나의 특별한 친구

유니

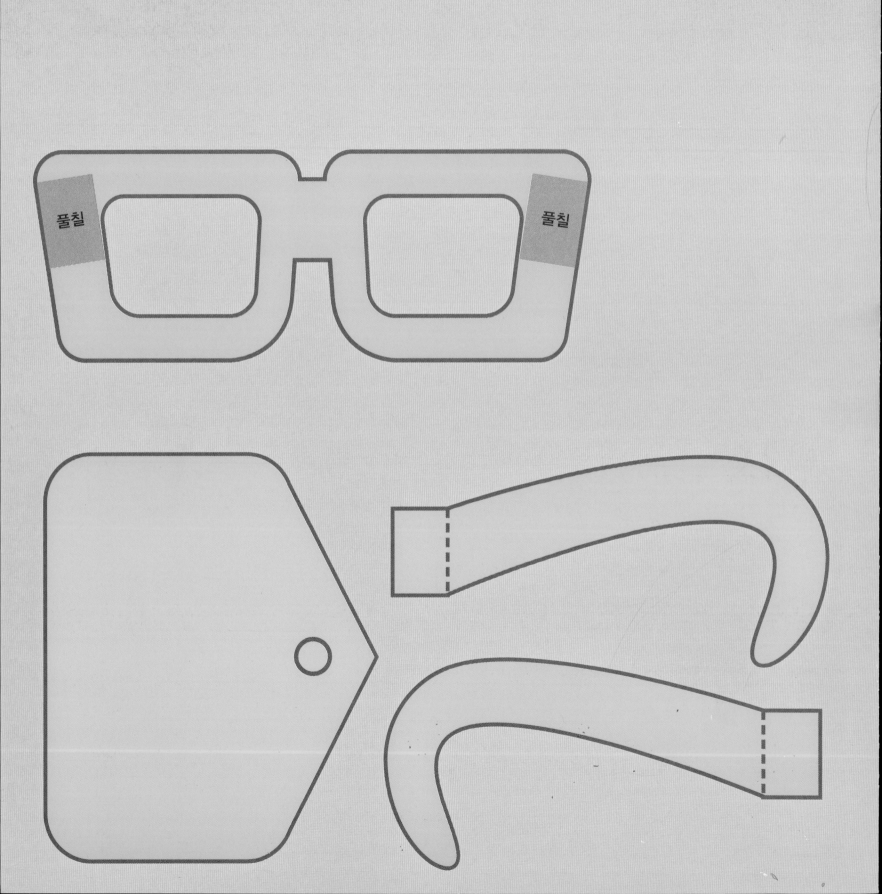

풀칠　　풀칠

마법 빗자루 붙임 딱지 날마다 학습하고 마법 빗자루에 붙임 딱지를 붙여 그 날의 학습을 칭찬해 주세요.

참 잘했어요 121	참 잘했어요 122	참 잘했어요 123	참 잘했어요 124	참 잘했어요 125	참 잘했어요 126	참 잘했어요 127
참 잘했어요 128	참 잘했어요 129	참 잘했어요 130	참 잘했어요 131	참 잘했어요 132	참 잘했어요 133	참 잘했어요 134
참 잘했어요 135	참 잘했어요 136	참 잘했어요 137	참 잘했어요 138	참 잘했어요 139	참 잘했어요 140	참 잘했어요 141
참 잘했어요 142	참 잘했어요 143	참 잘했어요 144	참 잘했어요 145	참 잘했어요 146	참 잘했어요 147	참 잘했어요 148
					참 잘했어요 149	참 잘했어요 150

학습 일정표 붙임 딱지 150일 학습 일정표에 붙여 전체 학습을 칭찬해 주세요.

121일
123일
124일
126일
130일
131일
133일
137일
143일
149일

쓰기 독립까지
150일!

마리 쌤의
마법 한글

5

웅진주니어

그냥 한글? 처음부터 튼튼한 한글!

'학습의 빈익빈 부익부 현상'을 아시나요? 매튜 효과(matthew effect)라고 합니다. 기초를 잘 배운 아이가 기초를 바탕으로 남보다 더 빨리 더 많은 것을 배워 나가는 것을 말해요. 그리고 그 시작에 바로 한글 학습이 있습니다.

세종대왕은 한글을 누구나 쉽게 배울 수 있도록 만들었습니다. 그 덕분에 우리는 쉽게 한글을 익힙니다. 아이가 한글을 더듬더듬 읽기 시작하면, 성급한 부모님은 아이에게 다른 영역의 공부를 제공합니다. 하지만 '대충 아는 것'과 '잘하는 것'은 분명히 결과가 다릅니다. '한글을 익힌 것'과 '한글을 튼튼히 익힌 것'은 취학 뒤 학습에 커다란 차이를 가져옵니다.

20년 동안 수많은 아이들을 가르치고 만났습니다. 학습 능력이 떨어지는 대다수의 초등학생은 한글 실력이 부족했습니다. 한글 실력과 상관이 없다고 생각되는 수학 과목에서도 주어진 문제의 요점을 파악하지 못하거나 문제 자체를 이해하지 못해 수학 성적이 많이 부진했습니다. 서술형 주관식이나 논술 위주로 변하고 있는 학교 교육은 더욱 '쓰기가 바탕이 되는 튼튼한 한글'을 요구합니다. 때문에 시간이 지날수록 아이의 학습에서 한글이 담당하는 역할이 정말 크다는 것을 느끼게 됩니다. '잘 익힌 한글! 그리고 더불어 갖추어진 바른 학습 자세'는 모든 학습 영역에서 아이를 이끌어 줄 것입니다.

세종대왕은 사랑하는 백성들을 위해 한글을 만들었습니다. 이제 부모님은 사랑하는 우리 아이를 위해 한글을 튼튼하게 익힐 수 있도록 도와주세요.

저자 마리 · 바오

자음과 모음이 만나는 한글 원리를 공부해요!

한글은 자음과 모음이 합쳐져서 소리를 내는 원리로 만들어졌습니다. 한글 공부에서는 이 원리를 익히는 것이 매우 중요합니다. 원리를 배우는 한글 학습은 쓰는 힘과 이해하는 힘이 모두 필요해서, 아이가 5세 이상은 되어야 할 수 있습니다. 그런데 많은 아이들은 글자를 통째로 외워 익히는 한글 공부를 하고 있습니다. 글자를 통째로 외우는 것은 더 어려서도 가능합니다.

"같은 낱말인데, 글자 카드의 색이나 모양이 달라지면 못 읽어요."

"글자체가 달라지면 어려워해요."

"고구마는 읽으면서 치마의 '마'는 못 읽어요."

많은 부모님들이 걱정스레 말을 합니다. 통째로 글자를 외운 아이들에게 나타나는 모습이지요. 통째로 글자를 외우는 아이는 시간이 지날수록 지쳐 갑니다. 익혀야 하는 글자가 점점 많아지고 복잡해지거든요. 시간이 흘러도 무조건 외우는 습관 때문에 한글의 원리를 이해하려 하지 않습니다. 처음부터 한글의 원리로 공부한 아이보다 더 많은 노력과 시간을 들인 뒤에야 한글의 원리를 알게 되는 경우가 태반입니다.

자음과 모음이 만나는 한글의 원리를 익히는 것이 아이에게는 쉬운 일이 아닙니다. 어른들은 'ㄱ'과 'ㅏ'가 만나서 '가'가 된다는 것을 쉽게 이해하지만, 우리가 만난 대부분의 아이들은 쉽게 이해하지 못했습니다. 아이들은 가, 나, 다, 라 등 어느 정도 기본 낱자를 여러 번 반복하여 암기하다가, 스스로 자음과 모음의 조합 원리를 조금씩 터득해 나갔습니다. 받침의 경우도 마찬가지입니다. 기본 받침인 'ㄱ', 'ㄴ' 정도를 조합하여 반복 학습한 뒤에, 저절로 나머지 받침들에 대해서 이해하게 되었습니다.

여기에 한글의 원리를 공부해야 하는 이유가 있습니다. 처음에는 조금 지루하고 어렵고 힘들 수 있지만, 일단 그 시간들을 보내고 나면 자연스럽게 조합 원리를 이해하게 됩니다. 그 뒤에 하는 공부는 점점 수월해지고 빨라지고 깊어집니다. 고구마의 '마'와 치마의 '마'를 구분하지 못하거나 색이나 모양으로 방해 받지 않습니다. 안 배운 글자도 척척 알아가는 마법을 부립니다.

한글의 원리를 쉽게 터득하는 데 왕도는 없습니다. 모든 언어를 익히는 방법이 그렇듯, 시간과 노력을 들여 외울 것은 외우고, 반복 학습을 하여 자연스럽게 조합 원리를 깨달아야 합니다. 부모님과 아이가 헤매지 않도록 오랜 시간 동안 아이들을 가르치면서 쌓은 체계적이고 효과적인 방법을 이 책에 담아 안내합니다.

한글을 공부할 때 만나는 세 가지 어려움!

우리는 20여 년 동안 직접 만나기도 하고, 인터넷을 통해 만나기도 하면서 수많은 아이들과 한글 공부를 했습니다. 많은 아이들이 한글을 공부할 때 아래 세 가지를 가장 어려워합니다.

1 겹받침을 자꾸 잊어버려요.

'흙, 닭, 값' 처럼 겹받침은 쓰기가 복잡해서 자꾸 잊어버리고,
겹받침에 있는 자음 가운데 어떤 것으로 발음해야 할지 몰라 어려워하기도 해요.

2 겹홀소리를 자꾸 혼동해요.

'모래'와 '모레'처럼 발음은 비슷한데 쓰이는 모음이 다르기 때문에 자주 헷갈려요.

3 쓰고 읽는 것이 다른 것을 몰라요.

'웃음'을 '우슴'으로 발음하는 것처럼, 쓴 것과 읽는 것이 같지 않은
예외의 상황을 잘 모르기 때문에 어려워요.

이 세 가지는 어른도 자주 혼동합니다. 하물며 아이가 어려워하는 것은 어쩌면 당연할지도 모릅니다. 한 마디로 이 세 가지 어려움은 쉽게 해결할 수 없습니다. 암기해야 합니다. 바꿔 말하면, 자꾸 잊어버립니다. 한글의 원리를 이해하여 적용한 글자는 오래오래 기억하지만, 암기해야 하는 글자는 사용 빈도가 적으면 자주 잊어버릴 수밖에 없습니다. 이 세 가지 어려움은 초등학교 전 학년에서 배우고 익히기를 반복하며 학습해 익혀야 합니다. 틀린다고 나무라거나 급하게 학습하기보다는 멀리 보고 천천히, 꾸준히 반복하여 학습하도록 도와주세요.

세 가지 어려움을 극복하려면 부모님의 인내가 필요합니다. 자칫 아이가 스트레스를 받을지도 모릅니다. 긴 시간을 가지고 자주 반복해서 알려 주다 보면 아이는 반드시 발전하게 됩니다. 주는 것은 어른이지만, 가져가는 것은 아이입니다. 100개를 주면 100개를 다 가져가고 더 달라고 하는 아이가 있고, 하나도 가져가지 않는 아이가 있습니다. 어른이 할 일은, 기다려 주고 아이가 조금 더 가져갈 수 있는 방법을 고민해 보는 것입니다.

국어 공부 3종 세트 활용하기

한글을 튼튼히 익혔나요? 아이가 한글을 읽고 쓴다고 해서 학습이 끝난 것이 아닙니다. 학습은 멈추지 않고 계속 이어져야 실력도 이어지고 학습 자세도 계속 이어 갈 수 있답니다. 이제 국어 공부 3종 세트를 활용해 보세요. 취학 뒤 국어뿐 아니라 모든 학습에 든든한 기초가 되어 줄 것입니다.

★ 일기 쓰기

일기 쓰기는 한글 실력을 높이고, 자신의 생각을 통해 문장력을 키울 수 있는 최고의 방법입니다. 글을 쓰는 창의적인 힘도 기르고 띄어쓰기도 익힐 수 있으니 1석 3조의 효과를 볼 수 있습니다. 취학 전에는 그림일기를 통해 흥미를 주는 것이 좋습니다. 단, 일기를 쓰는 도중에 띄어쓰기나 문장 부호, 틀린 글자를 지적하는 것은 좋지 않습니다. 아이 생각의 흐름이 깨지고, 자칫 일기 쓰기에 흥미를 잃을 수 있습니다. 아이가 일기를 다 쓴 뒤에 틀린 부분을 알려 주고 고쳐 쓰게 하는 것이 좋습니다. 이때에도 나무라지 말고 함께 일기를 읽으면서 즐겁게 고치는 분위기로 이끌어 주세요.

★ 초등 1학년 국어 교과서 보고 쓰기

초등학교 1학년 국어 교과서를 10칸 쓰기 공책에 날마다 조금씩 따라 써 보세요. 아이는 초등학교 교과서를 본다는 것에 자부심을 느끼게 되고, 부모님은 선행 학습 걱정을 심리적으로 덜 수 있습니다. 또 낯선 학교 생활에 적응하는 힘과 학습에 대한 자신감을 키우는 데 큰 도움을 줄 것입니다.

마리쌤 TIP

교과서의 내용 그대로 '띄어쓰기'와 '문장 부호'도 맞추어 써요. 취학 후 학교 받아쓰기의 예습도 된답니다.

★ 책 읽기

누구나 알고 있는 정말 좋은 방법입니다. 천천히 또박또박 정확히 소리 내어 읽도록 도와주세요. 띄어 읽기를 잘 못하거나, 읽고 쓰는 것이 다른 경우를 헷갈린다면 부모님이 먼저 읽고 아이가 따라 읽게 해 주세요. 단, 따라 읽을 때 아이도 꼭 책에 있는 글을 보면서 읽게 해 주세요. 이 시기에는 발음이 부정확한 아이들도 많아서 책 읽기는 많은 도움이 될 것입니다.

균형 잡힌 공부의 식단 짜기

아이가 잘 먹는 음식도 있고 싫어하는 음식도 있습니다. 아이가 무엇이든 골고루 잘 먹고 튼튼하기를 바라는 부모의 마음은 똑같습니다. 아이에게는 '아이가 먹고 싶은 식단'이 아니라 '아이를 위한 균형 잡힌 식단'이 좋다는 것은 다들 공감하실 거예요.

공부의 '식단'은 부모님이 준비하세요. 어릴 때 공부의 식단은 부모님의 몫입니다. 정말 아이를 사랑하는 부모라면 아이가 좋아하는 음식보다 아이 건강에 좋은 음식을 만드는 것처럼, 아이의 공부도 아이가 정하는 것이 아니라 부모님의 계획과 판단이 중요합니다. 지금 아이에게 어떤 학습이 필요한지, 어느 부분이 부족한지를 찾아냅니다.

"엄마! 난 요즘 비타민이 좀 부족한 것 같아요. 또 대장 활동이 원활하지 않으니 유산균과 섬유질이 풍부한 채소로 준비해 주세요." 이렇게 말하는 아이는 없겠지요?

균형 잡힌 학습 식단을 만들려면, 먼저 그 시기에 필요한 학습을 찾는 것이 중요합니다.

한글은 5세 전까지는 '글자를 익히는 학습'보다 '보고 듣고 말하기'에 중점을 두는 것이 좋습니다. 5~7세에는 '읽기와 쓰기'를 익혀 한글 학습을 튼튼히 하는 것이 필요합니다. 수학은 흐름을 놓쳐서는 안 됩니다. 때문에 초등학교 취학 뒤부터 꾸준히 이어 갑니다. 급할 필요는 없지만 꾸준히 달려가야 하는 마라톤과 같습니다. 예체능은 잠깐 지나가는 호기심인지, 두고두고 이어 나갈 관심인지를 잘 관찰해 봅니다. 그리고 꾸준히 하는 것이 좋습니다. 과식을 하거나 급하게 먹으면 탈이 나는 것과 마찬가지로 너무 일찍, 너무 많이 가르쳐도 아이는 탈이 납니다.

우리나라 아이들은 어른이 되기 전에 3번의 큰 '학습 스트레스'를 받는다고 합니다. '유치원 입학 스트레스'와 '취학 후 1학년 스트레스', 그리고 '대학 입시 스트레스'겠지요? 또 지나친 학습량은 체력적 심리적 스트레스를 더해 아이를 지치게 합니다. 공부를 하려고 하면 배가 아프거나 머리가 아프다고 호소하는 아이들이 많습니다. 실제로 이상은 없지만 정말 아픔을 느낀답니다. 엄살이 아니라 스트레스가 몸에 통증으로 나타나는 것입니다.

영양이 풍부한 음식 식단을 짜는 것도 쉽지 않은데 공부의 식단을 짜야 한다니, 정말 세상에 쉬운 일이 하나도 없구나 생각하지만, 노력 이상의 결실을 돌려줄 것입니다. 부모님이 짠 균형 잡힌 공부 식단을 아이가 좋아한다면 분명 최고의 식단이 될 것입니다.

한글 공부의 첫걸음, 연필 바르게 잡기!

연필 잡는 방법을 잘못 익히게 되면!

손가락의 힘 조절이 어려워서 글자를 예쁘게 쓸 수 없습니다.

손가락에 무리가 가서 글 쓰기가 힘들고, 글 쓰는 것을 싫어하게 되기도 합니다.

마리쌤 TIP 잘못된 연필 잡는 습관을 고치는 것은 새로 배우는 것보다 훨씬 어렵고 오래 걸립니다. 처음부터 올바른 습관을 만들어 주세요.

올바른 연필 잡기

1 손바닥 부분을 바닥에 자연스럽게 놓아요.

2 엄지와 검지가 서로 마주 닿도록 해요.
"엄지와 검지가 서로 뽀뽀하도록 잡아 보자."

3 연필 기둥은 엄지와 검지 사이, 가장 안쪽에 기대도록 해요.

4 손에 힘을 세게 주지 말고 편안하게 잡아요.

TIP
★ 연필의 깎여진 선 바로 위를 잡아요.
★ 아랫부분을 잡으면 손가락이 미끄러져 내려가고, 윗부분을 잡으면 손이 종이에서 멀어져 글 쓰기가 어려워요.

TIP ★ 손목을 너무 안쪽으로 꺾지 않도록 해요.

잘못된 연필 잡기

마리쌤 TIP 소근육이 충분히 발달하지 않아 손의 힘이 약해요. 그래서 연필을 주먹 쥐듯 잡는 경우가 많습니다. 실제로 연필 잡는 습관은 글을 쓸 때가 아니라, 그림을 그리기 시작하는 2~3세부터 생깁니다. 미리미리 살펴보시고 조금씩 알려 주면 좋겠지요?

Q&A 필기도구는 무엇이 좋을까요?

HB연필이 가장 좋습니다. 하지만 손힘이 없는 어린이들은 조금 진한 B연필을 써도 좋아요. 그리고 동그란 연필보다 육각 연필이 잡기 좋습니다. 볼펜은 틀린 글씨를 지울 수 없고, 샤프는 잘 부러져 학습을 방해합니다.

받아쓰기! 그 날의 학습은 그 날 확인해요

받아쓰기는 시험이 아니라 그 날 학습의 부족한 부분을 찾아내는 아주 중요한 과정입니다. 그 날의 학습을 마친 뒤 받아쓰기를 통해 '학습 성취도'를 꼭 알아보세요. 모든 학습의 진도는 아이의 습득 정도에 맞추어 정해야 합니다. 아이가 잘 알고 있는 것을 계속 반복하는 것도, 아이는 모르는 데 다음 단계로 넘어가는 것도 도움이 되지 않습니다.

> 너무 나무라거나 잘못을 지적하면 시험에 대해 부정적인 생각과 스트레스를 가지게 됩니다. 아이가 점수에 민감하다면 채점한 뒤 점수를 쓰지 않는 것이 좋습니다. 하지만 엄마는 알아야 하겠지요?
>
> 마리쌤 TIP

 올바른 받아쓰기 방법

1 받아쓰기 공책을 준비해요.

2 세로로 반을 나누세요.

3 그 날 배운 학습을 차례대로 불러 주고 왼쪽에 쓰게 하세요.

> **TIP**
> ★ 아이가 모를 때는 다음으로 넘어가세요. 쓸 때까지 오래 기다리거나 다그치면 스트레스를 받아요.

4 그 날 배운 학습을 차례에 상관없이 몇 개만 섞어 불러 주고 오른쪽에 쓰게 하세요.

> **TIP**
> ★ 왼쪽에 쓴 부분은 가리고 오른쪽에 써요. 가끔 보고 쓰기도 한답니다.
> ★ 학습량이 많은 날에는 몇 개만 써 보아도 좋아요.

5 채점을 해요.

> **TIP**
> ★ 틀렸다고 'X'나 '/' 표를 하는 것은 좋지 않아요. 맞은 것은 '동그라미', 틀린 것은 '별'이나 '삼각형'으로 표시합니다.
> ★ 틀린 부분은 10칸 공책에 다시 써 보게 해요.
> ★ 취학 전 아이들은 받아쓰기를 게임으로 생각하기도 해요.
> ★ 편안한 분위기에서 쓸 수 있도록 도와주세요.

이 책의 내용

마법 한글, 차례차례 따라 해요!

1 공부하기 전, 준비물!

책, 연필, 지우개, 색연필을 미리 준비합니다. 아이가 직접 준비하게 합니다.
공부 시간에 가지러 왔다 갔다 하면 공부에 집중하기 힘듭니다.

2 안경을 쓰고, 이름표를 걸고!

이 책에 들어 있는 안경과 이름표를 준비합니다. 부모님은 안경을 쓰고,
아이는 이름표를 목에 걸어요. 이제부터 선생님과 학생이 됩니다.

3 공부 시작 인사!

서로 인사를 하고 공부를 시작해요.
공부 시간에 서로 높임말을 사용하면 차분하게 공부하는 데 도움이 많이 됩니다.

4 날짜를 써요!

5 오른쪽(혹은 아래쪽) 쓰기 공부 먼저!

★ 큰 소리로 읽으며 써요!
★ 빨간 화살표의 방향과 순서에 따라 써야 해요!
★ 획순을 잘 기억하고, 꼭 순서대로 써요!
★ 마리쌤의 정보팁을 참고하세요.

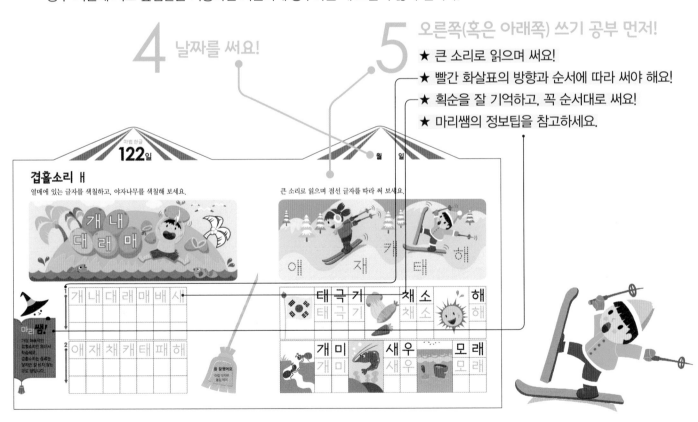

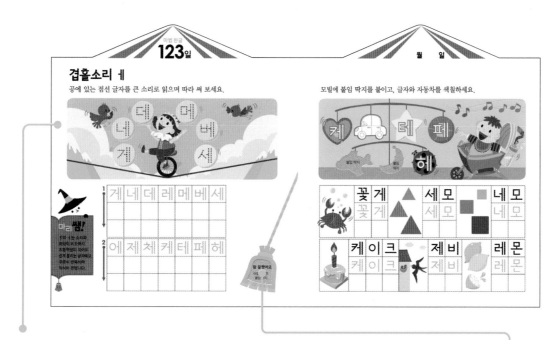

6 왼쪽(혹은 위쪽) 놀이 활동을 나중에!

꼭 쓰기 공부를 먼저 하고, 놀이 활동을 나중에 해야 해요.
집중력이 좋을 때 쓰기를 하고, 집중력이 약해질 때 즐거운 놀이 활동을 하면서
그 날 배운 내용을 확인해요. 아이는 쓰기를 얼른 끝내고 즐거운 놀이 활동을 하려고 합니다.
놀이 활동을 먼저 하고 쓰기 활동을 나중에 하면,
쓰기 활동을 할 때 아이는 몸을 배배 꼬기도 하고,
딴청을 부리기도 하면서 공부를 힘들어합니다.

7 참 잘했어요 붙임 딱지를 붙여요!

아이의 공부를 진심으로 칭찬해요.

8 받아쓰기!

그 날 배운 내용을 익혔는지 확인합니다.

9 한 권을 다 끝내면 책거리!

온 가족이 모여 책거리 파티를 해 보세요.
아이가 꾸준하게 공부할 수 있는 활력소가 됩니다.

★ 자! 마음의 준비가 되셨나요?

이제 모든 한글 공부 비법을 부모님께 알려 드릴게요.
우리 아이가 가장 사랑하는 선생님은 바로 부모님이랍니다.

겹홑소리 전체

사과 붙임 딱지를 붙이고, 큰 소리로 읽으며

애	ㅐ	ㅐ	ㅐ	ㅐ
	①ㅏ ②ㅐ			
얘	ㅒ	ㅒ	ㅒ	ㅒ
	①ㅑ ②ㅒ			
에	ㅔ	ㅔ	ㅔ	ㅔ
	①ㅓ ②ㅔ			
예	ㅖ	ㅖ	ㅖ	ㅖ
	①ㅕ ②ㅖ			
와	ㅘ	ㅘ	ㅘ	ㅘ
	①ㅗ ②ㅘ			
왜	ㅙ	ㅙ	ㅙ	ㅙ
	①ㅘ ②ㅙ			

겹홀소리 글자를 색칠해 보세요.

2 ▶

외	ㅚ ①ㅗ ②ㅗㅣ	ㅚ	ㅚ	ㅚ
워	ㅝ ①ㅓ ②ㅜㅓ	ㅝ	ㅝ	ㅝ
웨	ㅞ ①ㅔ ②ㅜㅔ	ㅞ	ㅞ	ㅞ
위	ㅟ ①ㅜ ②ㅜㅣ	ㅟ	ㅟ	ㅟ
의	ㅢ ①ㅡ ②ㅡㅣ	ㅢ	ㅢ	ㅢ
	ㅐ	ㅒ	ㅔ	ㅖ	ㅘ
	ㅙ	ㅚ	ㅞ	ㅟ	ㅢ

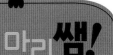

참 잘했어요
마법 빗자루
붙임 딱지

마리쌤!

겹홀소리는 서로
소리가 비슷해서
어려운 부분이에요.
입 모양과 소리의
차이를 천천히
알려 주세요.

겹홀소리 ㅐ

열매에 있는 글자를 색칠하고, 야자나무를 색칠해 보세요.

마리 쌤!

가장 대표적인
겹홀소리만 모아서
학습해요.
겹홀소리는 종류는
많지만 잘 쓰지 않는
것도 많답니다.

1	개	내	대	래	매	배	새

2	애	재	채	캐	태	패	해

참 잘했어요

마법 빗자루
붙임 딱지

큰 소리로 읽으며 점선 글자를 따라 써 보세요.

	태	극	기		채	소		해
	태	극	기		채	소		해

	개	미		새	우		모	래
	개	미		새	우		모	래

겹홀소리 ㅔ

공에 있는 점선 글자를 큰 소리로 읽으며 따라 써 보세요.

마리 쌤!

ㅐ 와 ㅔ 는 소리와 모양이 비슷해서 초등학생이 되어도 쉽게 틀리는 글자예요. 꾸준히 반복하며 익혀야 한답니다.

1	게	네	데	레	메	베	세

2	에	제	체	케	테	페	헤

참 잘했어요

마법 빗자루
붙임 딱지

모빌에 붙임 딱지를 붙이고, 글자와 자동차를 색칠하세요.

붙임 딱지

붙임
딱지

꽃게

세모

네모

케이크

제비

레몬

겹홀소리 ㅘ

뻥튀기에 있는 점선 글자를 따라 쓰고, 뻥튀기 붙임 딱지를 붙여 보세요.

마리쌤!

아이와 도란도란
이야기하며 생각을
키우는 시간을
많이 가지세요.
국어 학습의
시작이랍니다.

1 과 나 다 라 마 바 사

2 와 자 차 콰 타 파 화

참 잘했어요

마법 빗자루
붙임 딱지

붕어빵에 있는 글자를 큰 소리로 읽으며 색칠해 보세요.

겹홀소리 ㅚ

도토리를 색칠하고, 큰 소리로 읽으며 점선 글자를 따라 써 보세요.

1 괴 뇌 되 뢰 모 뵈 쇠

마리쌤!

엄마와 함께하는 끝말잇기, 빙고 게임은 낱말 학습과 어휘력을 키우는 데 아주 좋은 방법이에요.

2 외 죄 최 쾨 퇴 푀 회

참 잘했어요

마법 빗자루
붙임 딱지

밤에 있는 글자를 큰 소리로 읽으며 색칠해 보세요.

겹홀소리 ㅝ

점선 글자를 따라 쓰고, 빈 스케치북에 마음껏 그림을 그려 보세요.

우리들 솜씨

마리 쌤!

아이가 좋아하는
만화 캐릭터의
이름을 써 보세요.
좋아하는 것을
할 때 학습 효과가
정말 좋아요.

1 | 궈 | 눠 | 둬 | 뤄 | 뭐 | 붜 | 쉬 |

2 | 워 | 줘 | 춰 | 쿼 | 퉈 | 풔 | 훠 |

참 잘했어요

마법 빗자루
붙임 딱지

별에 있는 글자를 큰 소리로 읽으며 색칠하고, 별 붙임 딱지도 붙이세요.

	샤	워		궁	궐
	샤	워		궁	궐

	권	투
	권	투

	태	권	도
	태	권	도

	원	숭	이
	원	숭	이

겹홀소리 ㅟ

파이프에 있는 점선 글자를 큰 소리로 읽으며 따라 써 보세요.

1 | 귀 | 뉘 | 뒤 | 뤼 | 뮈 | 뷔 | 쉬 |

마리쌤!

한글 학습의 끝이
얼마 남지 않았어요.
아이에게 힘과
용기를 북돋아
주세요.

2 | 위 | 쥐 | 취 | 퀴 | 튀 | 퓌 | 휘 |

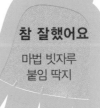

참 잘했어요

마법 빗자루
붙임 딱지

글자를 큰 소리로 읽으며 색칠하고, 작은 인형도 색칠하세요.

	당	나	귀		다	람	쥐
	당	나	귀		다	람	쥐

	튀	김		퀴	즈		가	위
	튀	김		퀴	즈		가	위

겹홀소리 낱말

겹홀소리 낱말을 색칠하며 가위바위보 놀이를 해 보세요.

애기
애기

차례
차례

계란
계란

스웨터
스웨터

왜가리
왜가리

궤짝
궤짝

돼지
돼지

무늬
무늬

의사
의사

희다
희다

의자
의자

참 잘했어요
마법 빗자루
붙임 딱지

마리 쌤!

여러 가지 겹홀소리
낱말은 많지는
않지만 어려워서
틀리기 쉬운
부분이에요.
천천히 도와주세요.

된소리 자음 + 겹홀소리

두더지에 써 있는 점선 글자를 따라 써 보세요.

마리 쌤!

된소리 자음 +
겹홀소리
글자는 의외로
많이 쓰여요. 가장
대표적인 것들을
먼저 학습해요.

ㄲ + ㅐ → 깨	ㄲ + ㅔ → 께
ㄸ + ㅐ → 때	ㄸ + ㅔ → 떼
ㅃ + ㅐ → 빼	ㅃ + ㅔ → 뻬
ㅆ + ㅐ → 쌔	ㅆ + ㅔ → 쎄
ㅉ + ㅐ → 째	ㅉ + ㅔ → 쩨

1 →

깨	때	빼	쌔	째
깨	때	빼	쌔	째

께	떼	뻬	쎄	쩨
께	떼	뻬	쎄	쩨

글자를 큰 소리로 읽으며 색칠하고, 모자도 색칠하세요.

ㄲ + ㅚ → 꾀	ㄲ + ㅟ → 뀌
ㄸ + ㅚ → 뙤	ㄸ + ㅟ → 뛰
ㅃ + ㅚ → 뾔	ㅃ + ㅟ → 쀠
ㅆ + ㅚ → 쐬	ㅆ + ㅟ → 쒸
ㅉ + ㅚ → 쬐	ㅉ + ㅟ → 쮜

2 ➡

꾀	뙤	뾔	쐬	쬐
꾀	뙤	뾔	쐬	쬐

뀌	뛰	쀠	쒸	쮜
뀌	뛰	쀠	쒸	쮜

참 잘했어요

마법 빗자루
붙임 딱지

된소리 자음 + 겹홀소리 낱말

여러 낱말을 읽으며 색칠하세요. 또 사탕을 색칠하고, 붙임 딱지를 붙이세요.

꼬	꼬	리
꼬	꼬	리

꽈	배	기
꽈	배	기

참	깨
참	깨

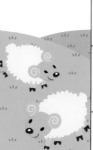

양	떼
양	떼

뛰	다
뛰	다

첫	째
첫	째

함	께
함	께

놀	자
놀	자

올	빼	미
올	빼	미

뙤	약	볕
뙤	약	볕

참 잘했어요

마법 빗자루
붙임 딱지

마리 쌤!

의성어와 의태어에도
많이 사용되어요.
아이와 함께
찾아 보세요.
꽥꽥, 땡땡,
째깍째깍, 쌩쌩……

소리를 흉내 내는 말 ❶

소리를 흉내 내는 말을 색칠하고, 동물 붙임 딱지를 붙여 보세요.

멍멍
멍멍

야옹
야옹

음매
음매

삐악삐악
삐악삐악

맴맴
맴맴

꼬끼오
꼬끼오

꿀꿀
꿀꿀

졸졸
졸졸

개굴개굴
개굴개굴

참 잘했어요

마법 빗자루
붙임 딱지

마리쌤!

소리를 흉내 내는
말은 '귀로 들을
수 있는 소리'라고
알려 주면
쉽게 기억해요.

소리를 흉내 내는 말 ❷

소리를 흉내 내는 말을 색칠하고, 기차를 색칠하세요.

응애~   응애   응 애
엉~엉   엉엉   엉 엉
냠냠   냠 냠
하하하   하하   하 하
칙칙폭폭   칙 칙 폭 폭
쿵쿵   쿵 쿵
보글보글   보 글 보 글
꼬르륵   꼬 르 륵
쟁그랑   쨍 그 랑

참 잘했어요
마법 빗자루
붙임 딱지

마리 쌤!

의성어는 말이나
글을 더 실감 나고
재미있게 해 주어요.
아이와 함께
소리를 흉내 내는
말을 쓰면서 재미있게
놀이해 보세요.

모양을 흉내 내는 말 ❶

모양을 흉내 내는 말을 색칠하고, 알맞게 선을 이어 보세요. 꽃 붙임 딱지를 붙이세요.

붙임 딱지

붙임
딱지

깡충 깡충	깡 충 깡 충	엉금 엉금	엉 금 엉 금
	깡 충 깡 충		엉 금 엉 금

뒤뚱 뒤뚱	뒤 뚱 뒤 뚱	아장 아장	아 장 아 장
	뒤 뚱 뒤 뚱		아 장 아 장

참 잘했어요

마법 빗자루
붙임 딱지

살금 살금	살 금 살 금	? 갸우뚱 ??	갸 우 뚱
	살 금 살 금		갸 우 뚱

끄덕 끄덕	끄 덕 끄 덕	으쓱 으쓱	으 쓱 으 쓱
	끄 덕 끄 덕		으 쓱 으 쓱

마리쌤!

모양을 흉내 내는
말은 '눈으로만
보이고 소리는
안 나는 말'이라고
알려 주세요.
아이와 함께
행동으로 흉내 내기
놀이를 하면 훨씬
재미있어요.

모양을 흉내 내는 말 ❷

모양을 흉내 내는 말을 따라 읽으며 색칠하고, 사과도 색칠해 보세요.

흔들흔들
흔들흔들

훨훨
훨훨

반짝반짝
반짝반짝

살랑살랑
살랑살랑

주렁주렁
주렁주렁

주룩주룩
주룩주룩

데굴데굴
데굴데굴

둥실둥실
둥실둥실

반짝 반짝

살랑 살랑

주렁 주렁

주룩 주룩

데굴 데굴

둥실 둥실

참 잘했어요

마법 빗자루
붙임 딱지

마리쌤!

의성어, 의태어를
많이 알수록
글을 풍성하게
꾸며 쓸 수
있어요.

주제 낱말 익히기 - 가족

나의 모습을 그리고, 가족을 나타내는 낱말을 읽고 색칠해 보세요.

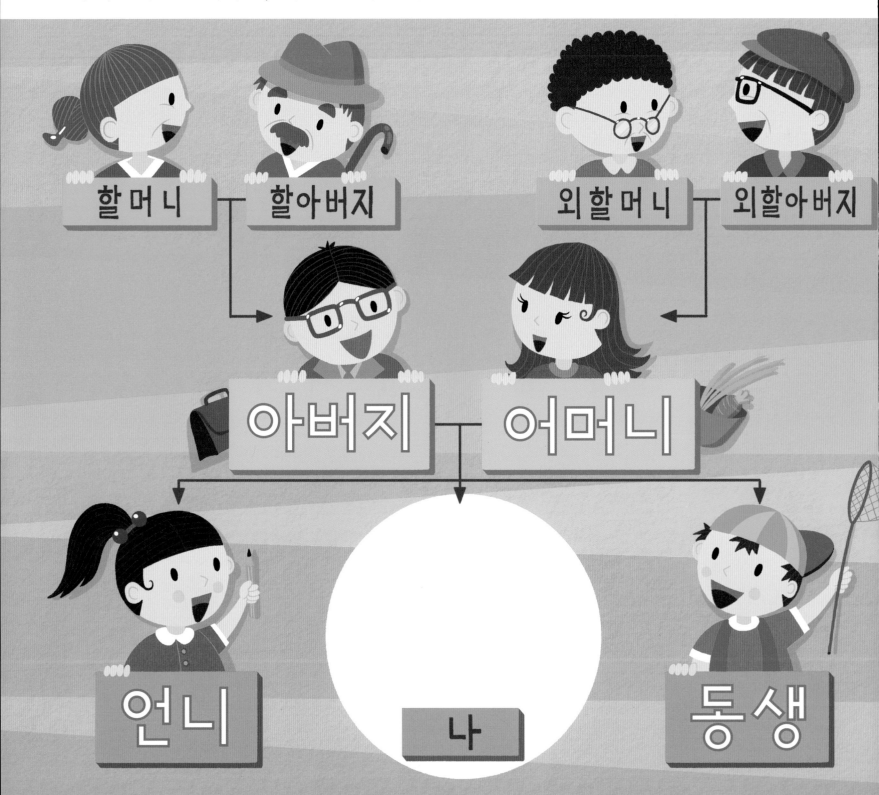

할아버지

할아버지

할머니

할머니

아버지

아버지

어머니

어머니

누나

누나

형

형

동생

동생

참 잘했어요

마법 빗자루
붙임 딱지

언니

언니

오빠

오빠

아기

아기

마리쌤!

우리 가족이나
친구, 선생님 등
가까운 사람들의
이름을 직접
써 보면 좋아요.

주제 낱말 익히기 - 신체

음표 속 낱말을 큰 소리로 읽으며 색칠해 보세요.

이마   머리

이마   머리

입술   귀

입술   귀

엉덩이   팔

엉덩이   팔

허리   배꼽

허리   배꼽

눈   코

눈   코

어깨

어깨

다리

다리

무릎

무릎

참 잘했어요
마법 빗자루
붙임 딱지

마리쌤!

'어깨'와 '무릎'은
아이들이 자주
틀리는 낱말 중
하나예요.
신경 써서 지도해
주세요.

137일

주제 낱말 익히기 - 과일과 채소

장독에 있는 낱말을 읽으며 색칠해 보세요. 고추도 색칠하세요.

	사	과		키	위		오	렌	지
	사	과		키	위		오	렌	지

	체	리		감		파	인	애	플
	체	리		감		파	인	애	플

	피	망		배	추		콩	나	물
	피	망		배	추		콩	나	물

	호	박		양	파		마	늘
	호	박		양	파		마	늘

참 잘했어요
마법 빗자루
붙임 딱지

마리쌤!

아이 학습에 대한
엄마 아빠의 생각을
일관되게 맞추는
것이 정말 중요해요.
흔들림 없는
학습의 밑바탕이
된답니다.

주제 낱말 익히기 - 가전제품

낱말을 큰 소리로 읽으며 색칠해 보세요. 풍선도 예쁘게 색칠하세요.

	텔	레	비	전		냉	장	고
	텔	레	비	전		냉	장	고

	세	탁	기			가	습	기
	세	탁	기			가	습	기

참 잘했어요

마법 빗자루
붙임 딱지

	에	어	컨		전	자	레	인	지
	에	어	컨	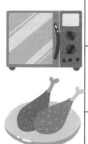	전	자	레	인	지

	선	풍	기		전	기	난	로
	선	풍	기		전	기	난	로

마리쌤!

미리 알고 있는
낱말이라도
지나치지 말고
반드시
써 볼 수 있게
해 주세요.

주제 낱말 익히기 - 탈것

낱말을 큰 소리로 읽으며 색칠해 보세요. 자동차 바퀴도 색칠하세요.

버스　택시　트럭

자동차　오토바이

자전거　전철　배

비행기　헬리콥터

참 잘했어요

마법 빗자루
붙임 딱지

마리쌤!

창작 그림책,
옛이야기, 위인전을
많이 읽을 수 있게
해 주세요.
초등 교육 전반에
도움을 준답니다.

주제 낱말 익히기 - 직업

낱말을 큰 소리로 읽으며 색칠해 보세요. 연필과 가방도 색칠하세요.

 경찰관
경찰관

 과학자
과학자

 의사
의사

 간호사
간호사

 선생님
선생님

 소방관
소방관

마리쌤!

우리 아이가
커서 되고 싶은 것은
무엇인가요?
아이와 함께
이야기 나누며
낱말을 써 보세요.

 농부
농부

 집배원
집배원

주제 낱말 익히기 - 자연

낱말을 큰 소리로 읽으며 색칠해 보세요.

해 달 별 구 름
해 달 별 구 름

바 람 천 둥 번 개
바 람 천 둥 번 개

우르릉 쾅!

봄 여 름 가 을
봄 여 름 가 을

겨 울 하 늘 계 절
겨 울 하 늘 계 절

봄
여름
가을
겨울

참 잘했어요

마법 빗자루
붙임 딱지

마리쌤!

낱말을 많이
알고 있으면
문장이 풍부해지고
글 쓰는 힘도
강해진답니다.

주제 낱말 익히기 - 때

낱말을 큰 소리로 읽으며 색칠해 보세요. 이불도 예쁘게 색칠하세요.

아 침   점 심   저 녁
아 침   점 심   저 녁

새 벽   낮   밤
새 벽   낮   밤

어 제   오 늘   내 일
어 제   오 늘   내 일

작 년   올 해   내 년
작 년   올 해   내 년

참 잘했어요
마법 빗자루
붙임 딱지

마리 쌤!

시간을 나타내는
낱말은 국어에서
문장을 이루는 데
꼭 필요해요. 때에
맞추어 정확하게
사용할 수 있게
해 주세요.

주제 낱말 익히기 - 장소

낱말을 큰 소리로 읽으며 색칠하고, 곳곳에 아이들 붙임 딱지를 붙이세요.

병 원   동 물 원   집
병 원   동 물 원   집

백 화 점   미 술 관
백 화 점   미 술 관

박 물 관   체 육 관
박 물 관   체 육 관

공 원   공 항   가 게
공 원   공 항   가 게

참 잘했어요

마법 빗자루
붙임 딱지

마리쌤!

책을 읽고 난 뒤
받아쓰기를
해 보세요.
어휘력 향상에
큰 도움이 됩니다.

주제 낱말 익히기 - 색깔

낱말을 큰 소리로 읽으며 색칠하세요. 물감도 알맞은 색으로 칠하세요.

	하	양		검	정		빨	강
	하	양		검	정		빨	강
	주	황		노	랑		연	두
	주	황		노	랑		연	두
	초	록		파	랑		남	색
	초	록		파	랑		남	색
	보	라		자	주		회	색
	보	라		자	주		회	색

참 잘했어요

마법 빗자루
붙임 딱지

마리 **쌤!**

색깔을 나타내는
낱말을 익힐 때에는
그림을 그리고
직접 색을 칠하면서
색깔 이름을
학습하면 좋아요.

주제 낱말 익히기 - 맛

낱말을 색칠하고, 음식과 맛을 알맞게 선으로 이어 보세요.

 맛있다

맛있다

 맛없다

맛없다

 짜다

짜다

 싱겁다

싱겁다

참 잘했어요

마법 빗자루
붙임 딱지

 달다

달다

 쓰다

쓰다

 맵다

맵다

 시다

시다

 떫다

떫다

마리쌤!

여러 가지 맛을
내는 음식은 어떤
것이 있을지
아이와 이야기 나눠
보세요. 직접 맛을
보면 더 좋겠지요?

주제 낱말 익히기 - 느낌

낱말을 큰 소리로 읽으며 색칠해 보세요. 펭귄도 색칠하세요.

기쁘다 | 기쁘다

슬프다 | 슬프다

아프다 | 아프다

무섭다 | 무섭다

춥다 | 춥다

덥다 | 덥다

싫다 | 싫다

좋다 | 좋다

밉다 | 밉다

참 잘했어요

마법 빗자루
붙임 딱지

마리 쌤!

기분을 나타내는
낱말은 아이가
자기의 감정을
표현하는 데
많은 도움이
되어요.

주제 낱말 익히기 - 행동

낱말을 큰 소리로 읽으며 색칠해 보세요. 알록달록 공도 색칠하세요.

걷다
걷다

달리다
달리다

앉다
앉다

당기다
당기다

밀다
밀다

뛰다
뛰다

던지다
던지다

주다
주다

받다
받다

먹다
먹다

참 잘했어요

마법 빗자루
붙임 딱지

마리쌤!

한글 학습을
모두 마치더라도
취학 전까지
그림일기나
낱말 받아쓰기로
쓰기 학습을 꾸준히
이어 나가도록 해요.

주제 낱말 익히기 - 위치

낱말을 큰 소리로 읽으며 색칠해 보세요. 건물도 색칠하세요.

겉		속	안			밖
겉		속	안			밖

위		아	래	앞		뒤
위		아	래	앞		뒤

참 잘했어요
마법 빗자루
붙임 딱지

처	음		가	운	데	끝
처	음		가	운	데	끝

가	깝	다		멀	다
가	깝	다		멀	다

마리 쌤!

위치를 나타내는 말은
공간을 설명하고
표현하는 데 꼭
필요해요. 공간감을
익히는 데도
도움이 되지요.

반대말

물고기 붙임 딱지를 붙이고, 반대말의 뜻을 생각하며 낱말을 색칠해 보세요.

높	이	가			높	다	낮	다
넓	이	가			넓	다	좁	다
깊	이	가			깊	다	얕	다
크	기	가			크	다	작	다
길	이	가			길	다	짧	다
양	이				많	다	적	다

참 잘했어요
마법 빗자루
붙임 딱지

마리쌤!

반대말은 수학에서도 아주 중요해요. 특히 '작다'와 '적다'는 많이 헷갈리지요. '작다'는 크기를 나타낼 때, '적다'는 양을 나타낼 때 쓰는 말임을 꼭 알려 주세요.

꾸며 주는 말

연필을 색칠하고, 부모님께 편지를 써 보세요.

께

예쁜   내   얼굴

사랑스러운   가족

아름다운   꽃

귀여운   강아지

재미있는   놀이

씩씩한   어린이

참 잘했어요

마법 빗자루
붙임 딱지

마리 **쌤!**

꾸며 주는 말은
문장력과 논술력을
키워 주는 가장
중요한 부분이에요.
아이와 함께
꾸며 주는 말을
넣어 문장을
만들어 보세요.

마리쌤과 바오쌤

마리쌤은 20여 년 동안 어린이들에게 한글을 가르치고,
초등 교과 학습을 지도하고 있어요.
한글을 바로 알아야 다른 학습도 잘할 수 있다고 믿으며,
바른 한글 학습 연구 및 교육에 힘쓰고 있습니다.
바오쌤은 어린이들의 마음에 날개를 달아 주고 싶은 마음으로 미술을 가르치고 있습니다.
마리쌤과 함께 한글과 미술에 대한 다양한 학습 자료를 연구하고 있어요.
두 분이 함께 지은 책으로 〈한글이는 요술쟁이〉, 〈엄마는 행복한 미술 선생님〉이 있습니다.

마리쌤과 바오쌤의 '아이들 한글 교육' http://cafe.daum.net/ishangeul/
카페에서 풍부한 학습 자료를 만나 볼 수 있습니다.

웅진주니어
마리쌤의 마법 한글 5권

초판 1쇄	/ 2014년 2월 10일
초판 6쇄	/ 2020년 8월 19일
글·그림	/ 마리·바오
발행인	/ 이재진
도서개발실장	/ 조현경
편집인	/ 이화정
책임편집	/ 최순영
편집	/ 조현민
디자인	/ 디자인닷(www.design-dot.co.kr)
폰트 디자인	/ 이혜진
마케팅	/ 이현은, 정지운, 양윤석, 김미정
제작	/ 신홍섭
펴낸곳	/ (주)웅진씽크빅
주소	/ 경기도 파주시 회동길 20 (우)10881
주문전화	/ 02)3670-1191, 031)956-7325, 7065
팩스	/ 031)949-0817
내용문의	/ 031)956-7454
홈페이지	/ wjbooks.co.kr/WJBooks/Junior
블로그	/ wj_junior.blog.me
페이스북	/ facebook.com/wjbook
트위터	/ @wjbooks
인스타그램	/ @woongjin_junior
출판신고	/ 1980년 3월 29일 제406-2007-00046호
제조국	/ 대한민국
ISBN	/ 978-89-01-16211-9, 978-89-01-16206-5(세트)

 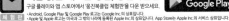